www.ingramcontent.com/pod-product-compliance
Lightning Source LLC
Chambersburg PA
CBHW072031230526
45466CB00020B/1393
* 9 7 8 1 6 5 0 5 2 1 5 3 4 *